Línea blanca

ÆREA | *carménère*

Marta Castaño

Línea blanca

861 Castaño, Marta
C Línea blanca / Marta Castaño -- Santiago-Barcelona : RIL editores-Ærea | Carménère, 2024.

112 pág. ; 23 cm.

ISBN: 978-84-10248-11-3

1 POESÍA ESPAÑOLA. 2 LITERATURA ESPAÑOLA.

ÆREA | *carménère*

Serie dirigida por
Eleonora Finkelstein y Daniel Calabrese

LÍNEA BLANCA
Primera edición: mayo de 2024

Un sello de RIL® editores
SEDE SANTIAGO DE CHILE: Los Leones 2258 • CP 7511055 Providencia
(56) 22 22 38 100 • ril@rileditores.com • www.rileditores.com

SEDE VALPARAÍSO: Cochrane 639, of. 92 • CP 2361801 Valparaíso
(56) 32 274 6203 • valparaiso@rileditores.com

SEDE ESPAÑA: europa@rileditores.com

Composición y diseño: RIL® editores
Diseño de colección: Marcelo Uribe Lamour
Ilustración de portada: Axel Jiménez

Impreso en España • *Printed in Spain*

ISBN: 978-84-10248-11-3
Depósito Legal: B 9695-2024

Línea blanca o la poesía luminosa del despojo

Margarita Leoz

La vida está punteada de experiencias que, en ocasiones, superan nuestra comprensión. Estos hechos extremos —los más terribles, los más inesperados— dejan una impronta indeleble en nuestro ser, unas cicatrices físicas o metafóricas que no son otra cosa que vestigios de una vivencia límite. En estos casos nos gustaría mirar para otro lado, nos gustaría olvidar y regresar a la orilla amable de la vida, pero quienes escribimos estamos abocadas a observar de cerca esas heridas, a indagar en su interior, aun a riesgo de exponernos y de exponer nuestras llagas. «Queremos escribir, no curarnos», señala Alan Pauls. Por incómodo que resulte y por mucho que rechacemos durante un tiempo escribir sobre ello, la escritura es nuestra manera de comprender el dolor, de aprehenderlo, de ensamblar ese puzle insondable que es la vida cuando sus piezas han estallado por los aires.

Con una voz contenida y a la par audaz, que se esfuerza por no desviar la mirada, Marta Castaño ha compuesto un poemario sobre la experiencia de un embarazo truncado por un aborto espontáneo. En la primera parte, titulada «Antes», somos testigos de las semanas iniciales del embarazo; un proceso no exento de contradicciones, puesto que al misterio de la gestación lo acompañan el asombro, la estupefacción y también las molestias físicas («Atravesada de nuevo por el dolor y las náuseas. / El llanto del vientre. / El incendio del cuerpo.»), síntomas penosos y enigmáticos del cuerpo de la madre ante el nuevo ser que la habita («Mi cuerpo soporta la vida.»). La segunda parte, «Durante», desarrolla la vivencia del aborto y sus secuelas físicas y emocionales («El corazón y el vientre luchan por despedirse de quien ya no será»). Este bloque central despliega sentimientos heterogéneos —la incredulidad, la culpa, la tristeza, la frustración, la desconfianza hacia el propio cuerpo («¿Cómo escapar / de un cuerpo que se cierra / y se abre a su antojo?»), entre otros—, así como el reflejo de la mirada ajena encarnada en retazos de informes médicos de tono frío y aséptico («Restos hemáticos en vagina. / Útero en anteversión. / Saco gestacional desestructurado»). A estas dos primeras partes les sigue una tercera («Después»), donde la voz poética se cubre del duelo por la pérdida, pero también se distancia para observar el dolor y enuncia poemas tan delicados y lúcidos como el que dice: «Un cuerpo que nace es / un acontecimiento como lo es / un cuerpo que muere». Cuando todo se ha detenido, no obstante, la vida continúa, la paradoja del ciclo imparable de la vida se impone. ¿Cómo reconstruir entonces el cuerpo en ruinas? ¿Qué hacer con estos pedazos, parafraseando el título de la novela de Piedad Bonnett? «Renacer cuando una parte de ti queda atrás. / Renacer como no madre. / Renacer como mujer que estuvo embarazada.»

En contraposición con la línea negra —la oscura veta vertical que aparece sobre la piel del abdomen de la embarazada alrededor del segundo trimestre—, *Línea blanca* nos habla de la ausencia y del vacío, pero también del poder de la luz entre los desechos y de cómo recomponer una vida reducida a escombros. En este su segundo poemario, se perciben dos constantes que distinguen y dotan de una singularidad propia a la pluma de Marta Castaño. La primera persistencia es su gusto por lo oscuro, la ensoñación o lo gótico de reminiscencias victorianas, cercano a los universos de Emily Brontë o de Elizabeth Barret Browning. La segunda es su proximidad a la tradición del haiku, encarnada en la delicadeza, concisión y belleza de los modos poéticos de Marta Castaño, donde se aúnan, en muchos momentos, la cotidianidad, la naturaleza y lo efímero de la condición humana.

Sin embargo, en *Línea blanca* existe una voluntad de cambio, de avance, puesto que la poeta exhibe nuevos motivos en su escritura, como el cuerpo («Este es mi lugar, / este es mi cuerpo») y la casa («Soy casa en continua demolición»). Además, en sus páginas encontramos otra cuestión metaliteraria fundamental: la dificultad y la búsqueda de un lenguaje capaz de decir lo indecible («¿Cómo hablar de la muerte antes / de la vida?»). Para lograr este objetivo del nombrar, los poemas de las tres partes mezclan hábilmente entonaciones y ritmos: los textos alternan verso y prosa poética, otros fragmentos toman la apariencia de anotaciones de diario íntimo, otros adoptan el lenguaje de la historia clínica. Muchos de ellos vienen encabezados por epígrafes, como si la autora necesitase aferrarse a aquellas escritoras, como Maggie O'Farrell o Blanca Varela, que se sumieron antes que ella en las complejidades de la escritura del cuerpo femenino doliente y en transformación.

Nada nos prepara para que la fecha de parto nunca llegue, para que una mañana una hemorragia nos paralice o para que en el curso de una ecografía rutinaria escuchemos la frase inescrutable de «no hay latido». En ese instante todo lo que creíamos conocer se vuelve extraño; la realidad se trasforma en algo descabellado. En ese instante solo deseamos una casa, un hogar que nos acoja. «La nueva casa es silenciosa y una luz blanca baña cada rincón». Eso es lo que ha hecho Marta Castaño en *Línea blanca*: trenzar un nido de versos a partir de ramitas, de briznas, de despojos luminosos, un nido brillante donde cobijarse, donde cobijarnos.

Este es mi lugar,
este es mi cuerpo.

Nothing remaining but her will to be reborn

DIANE WOLKSTEIN

Why let grief eat you alive?

ANNE CARSON

Existe una corriente de pensamiento en el mundo que espera que las mujeres superen el aborto como si no hubiera pasado nada, que lo metabolicen rápidamente y sigan con su vida.

Y yo digo ¿por qué? ¿por qué tenemos que seguir como si no hubiera pasado nada fuera de lo normal? Porque no es normal concebir una vida y después perderla. Estos sucesos tienen que señalarse, respetarse, hay que darles lo que les es debido. Se trata de una vida, por muy pequeña y germinal que sea. Es un conjunto de células tuyas y, en casi todos los casos, de alguien a quien amas.

Sí, claro que pasan cosas peores todos los días, eso no lo puede negar nadie que esté en su sano juicio. Pero despreciar un aborto como si no fuera nada, como algo que hay que encajar, y seguir adelante es hacernos un flaco servicio a nosotras mismas, a nuestros hijos vivos, a esos seres incipientes que vivieron tan poco en nuestras entrañas, a la persona que nos imaginamos durante las pocas semanas de embarazo, a esos niños fantasma que todavía llevamos en la cabeza, a los que no lo consiguieron.

MAGGIE O'FARRELL

Antes

I DE AGOSTO

Se levantó un viento
salvaje desde
el fondo del mar
y salimos corriendo del agua

enredados
cuerpos, cabellos y arena
como orbes que giran
alrededor
de otros astros

a pocos centímetros
la bráctea
de una palmera cayó

callamos
absortos ritualizando
el instante.

Por la mañana los pájaros
picotean los campos que rodean la playa
busco en todo la transformación
el animal salvaje que me
habita desde que partí
de mi madre.

Qué hacer con este útero
sin luz si hay un pájaro
envenenado dentro

floto bocarriba en el mar
me dejo mecer por las olas
mientras los vencejos vuelan sin descanso

qué hacer con este cuerpo calambre
agazapado entre las sábanas

mientras Atenas se incendia
yo me incendio también
el fuego se extiende
hasta las yemas
iluminadas de cada dedo
de cada mano de cada pie

mi vientre grita el pájaro se ahoga
la sangre mana con fuerza
vivimos en un enjambre de tiempo

vemos documentales marinos en una
habitación demasiado pequeña
las rayas nadan y se alimentan
de plancton brillante
como fantasmas

el narrador dice que la luz es
la forma de comunicación
más común del planeta

yo atravieso otra muerte oscura
postrada digo aullido, ahuyentar
quiero encontrar un océano luminoso
en el que cobijarme
del aliento de las serpientes.

4 DE OCTUBRE

Mi cuerpo entumecido busca la calma en esta fría mañana de octubre que augura el invierno. Quizás por eso prefiere aletargarse. De nuevo el cuerpo, una vez más es el que me hace plantearme cosas más allá de él mismo. Parece que es a través del dolor, de la incomodidad, de la enfermedad, como se despierta en mí la conciencia de existir. Planeo, planteo, intento pasarlo por alto, pero el cuerpo está. Simplemente está.

Tengo los pies helados desde hace días. Adentro la vibración imparable de las células. Siento su temblor volviendo del trabajo, caminando en el frío después y antes del autobús, después y antes de la casa. El vértigo infinito de existir.

La vida es un acontecimiento. Un cuerpo que nace es un acontecimiento como lo es también un cuerpo que muere. Hay una luz que emerge de cada cuerpo que viene y de cada cuerpo que se va.

12 DE NOVIEMBRE

Esta mañana he sembrado varios bulbos de jacinto. Habrá que esperar unos meses para que rompan la tierra y emerjan, llenando la terraza con su aroma y siendo un reclamo delicioso para los insectos.

Atravesada de nuevo por el dolor y las náuseas.
El llanto del vientre.
El incendio del cuerpo.

2 DE DICIEMBRE

Sueño con una mujer que canta bajo el agua
no conoce su nombre ni el de ese mar
está sola

en el cielo brillan siete estrellas
las serpientes esperan en la orilla

alguien enciende la luz y ya no es de noche
en esta casa no se puede dormir
en esta casa se ven las montañas
no hay mar ni nombres
que digan no eres un cuerpo
no estás sola

las serpientes esperan en la orilla

26 DE DICIEMBRE

El test de embarazo es positivo.

27 DE DICIEMBRE

He llamado al centro de salud, me ha atendido un hombre que al comunicarle mi estado me ha preguntado si quería seguir adelante con el embarazo.

He respondido que sí.

Tengo calambres musculares por todo el cuerpo.

1 DE ENERO

¿Cuánto amor cabe en un cuerpo para que pueda crear otro cuerpo?

¿Cuánto amor debe dar un cuerpo para que pueda dar vida a otro cuerpo?

9 DE ENERO

Una tempestad se ha desatado dentro de mí.

Aparecen las náuseas. Vienen después de comer, a los veinte minutos aproximadamente.

Estoy cansada pero mi cuerpo soporta la tormenta.

Mi cuerpo soporta la vida.

10 DE ENERO

Tengo miedo.

Mi cuerpo y mi mente se han separado.

La mente corre, el cuerpo simplemente está.

19 DE ENERO

Mi cuerpo y mi cerebro están dedicados por entero a una única tarea: crear vida.

24 DE ENERO

Los paseos con mamá se vuelven extraños.

Ella pasó por esto pero ya no lo entiende, no recuerda.

Leo que el bebé se empieza a parecer cada vez más a una persona.

Su corazón tiene cuatro cámaras y late a 150 pulsaciones por minuto.

A lo largo de esta semana se desarrollarán sus órganos sexuales, los huesos de los brazos y las piernas se endurecerán y su tronco comenzará a enderezarse.

25 DE ENERO

La eternidad se orienta
hacia adentro
una vez más la oscuridad
tiembla el útero se retuerce
para crecer
el corazón se protege
cerca de otro poema
cerca de otras montañas
se transforma

se parte

escuchando el futuro
en su cueva
esperando la hora de dar
luz al mundo.

26 DE ENERO

La conciencia despierta
el animal salvaje aparece
la transformación está en curso.

Durante

PROPHECY

That night the moon
Dragged its blood bag, sick
Animal
SYLVIA PLATH

A red moon rises
from the center of my womb.

A red dark moon
like the jaws of a sacred wolf.

La profecía dijo
—manos titilantes
en la oscuridad
y en el cerebro
la mar nocturna—.

Yo dije
—una vasija
derramando sangre
y ángeles ciegos
tras el eclipse—.

30 DE ENERO

Me despierto y noto
un olor metálico bajo las sábanas.

Entonces
la leve mancha marrón,
los calambres en las piernas,
las contracciones,
las náuseas y el dolor de cabeza.

Tengo miedo.

A lo largo del día los dolores se agudizan
la hemorragia aumenta tomando
un color más intenso.

Ingreso en el hospital por mi propio pie
sobre las ocho de la tarde.

Él me acompaña.

En la pantalla
como en boca negra de serpiente
flota una pequeña forma
fantasmal

la ginecóloga articula unas palabras
vestida de blanco
la oigo

como si no estuviera allí

y creo escuchar:
«no son buenas noticias».

Una pequeña forma fantasmal
un huevo de serpiente
flota en la parte izquierda de
mi vientre negro

y creo escuchar:
«no se ha formado embrión,
el saco gestacional ya se está desprendiendo».

En el informe:

Gestante de 9+1 semanas que acude por sangrado desde esta mañana.
Comenzó escasa y marrón, ahora ha aumentado y más roja, menor a una regla.
Ha iniciado dolor suprapúbico.
Refiere náuseas.
Abdomen blando y depresible.
Restos hemáticos en vagina.
Útero en anteversión.
Saco gestacional desestructurado.
No se observa embrión.

Diagnóstico principal: aborto en curso.

Fuiste un suspiro metálico
un murmullo ensangrentado
maremoto en la redondez
cristalina de un sueño.

31 DE ENERO

Mis ojos son de sal como los de la mujer de Lot.

El vacío se ha vuelto a instalar adentro.

Ya no creo vida.

Albergo la tristeza en el lugar en el que debería haber crecido otro ser.

Me duelen las entrañas.

El corazón y el vientre luchan por despedirse de quien ya no será.

1 DE FEBRERO

Cae la carta de la Justicia.

Me dicen que debo
perdonarnos y seguir,
llorarnos y seguir,
sangrarnos y seguir

Ya soy otra más
ya soy otra menos

¡Perdónate!
la Justicia es ciega y tiene una espada

La Justicia grita
blande su arma contra nuestra
carne
y cae de bruces.

2 DE FEBRERO

En el informe:

Se explican a la paciente las diferentes opciones.
Opta por actitud expectante.
En caso de que en un par de días no comience con sangrado abundante acudirá de nuevo al médico.

La actitud expectante es
volver a casa del hospital
sin pastillas ni inducción
y ver aumentar la HEMORRAGIA.

La actitud expectante es
notar el dolor
irradiándose
desde el centro
hasta la VAGINA
y desde allí
hasta la punta de los pies.

La actitud expectante es
ROMPERSE
la matriz y el corazón
cuando él te mira sangrar
desde la puerta del baño.

La actitud expectante es
tener paciencia
SENTIR la incomodidad
decir adiós todo el tiempo
ser consciente
de que todo ha terminado.

3 DE FEBRERO

En el baño arqueada de dolor
y de culpa señalada
por mi propio dedo
soy una más
una estadística.

La enfermera dijo:
«esto le pasa a una de cada cinco,
tú no has hecho nada malo,
no es tu culpa, es normal»

Incorporo mi tronco
y mientras sangro
me digo:

«No es tu culpa, es normal»

«No es tu culpa, es normal»

«No es tu culpa, es normal»

5 DE FEBRERO

Nos invade el duelo, la nostalgia de lo que ya no será, la despedida de algo que hemos perdido antes de lo que imaginábamos. Es complejo ver cómo lo que se suponía que iba a ser un bebé ahora se desliza en forma de sangre, cae con un golpe seco a la loza del baño y desaparece arrastrado por el agua al tirar de la cadena.

¿Podría haber hecho algo para evitarlo? Todo el mundo intenta convencerme de que no. De que es una simple estadística. Me siento un número, el 25% a las que les pasan estas cosas. Ese número que cuando le pasa, se baja de la camilla en la que se ha expuesto por completo, desde la que ha visto el embrión que no se formó y la ginecóloga de guardia dice: 'Lo siento, es muy habitual. En diez días vuelve para que comprueben que tu útero está completamente limpio'. Y ese 25% se va a casa a llorar, a retorcerse de dolor, a ver salir de su cuerpo el saco gestacional de su supuesto bebé en forma de coágulo y le dice 'adiós' y 'te quiero' una o dos últimas veces. Se va a seguir buscando causas y motivos sin encontrarlos. Ese 25% normal que sufre un aborto antes de las veinte semanas, cuando el bebé debería estar desarrollando sus órganos y sus huesos y sin embargo, solo es un pequeño conjunto de células que ya ha empezado a desprenderse de su carne.

Estoy llena de un agua amarga.
BLANCA VARELA

Ahora no son nada, no son siquiera
criaturas
SYLVIA PLATH

¿SOY ACASO UN CUERPO
criatura
que da vida

y la quita?

¿Soy acaso un cuerpo
criatura
que no ha sabido cuidar

de otro cuerpo?

En los primeros días
en el santuario
se abre una ventana.

En las primeras noches
desde el jardín sagrado
se precipita la piedra
roja del viento del este.

¿CÓMO ESCAPAR
de un cuerpo que se cierra
y se abre a su antojo?

Cuando apareció la enfermera pregunté:
—¿Dolerá? Temo que vaya a dolerme.
—Un poco, y luego vendrá la sangre.
—Tengo miedo (...)
—Se recuperará—aseguró—. He pasado por ello, y mire, estoy viva.
—Pero el bebé no vive.
—No —me contestó.
Sollocé, retorciéndome entre las almohadas.
(...)
—Si pudiera salir... Quiero ofrendar el niño a la diosa.
GALATEA, MADELEINE MILLER

SE ABRE UN LUGAR PARA EL REZO
y la tierra se agita enajenada.

El camino se muestra
angosto pero el cuerpo
es una fruta a punto de caer.

Cuando llegue la hora
se escuchará un golpe
y nacerá un grito
un súbito fulgor la ofrenda
para la diosa oscura.

Se abre un lugar para el rezo
y la tierra se agita enajenada.

Hábil giradora del tiempo
que riges la orogenia
de la carne tejida
desde otras entrañas

otro cuerpo abandonará la inocencia
de este hogar maldito
y en este desgarro
fundará la separación
y el sínodo primigenios.

Se abre un lugar para el rezo
y la tierra se agita enajenada.

Quiero que salga es lo que más deseo. Lo que más deseo es que se quede.
MAGGIE O'FARRELL

EL RITUAL DURA UNA SEMANA
la entrega al (no) parto
es incondicional

hay tanto amor en esta liturgia…

arrodillada rezo

cierro los ojos bajo la ducha
cierro los ojos sobre la taza del baño

y a la vez me invaden las ganas de
mirar —tienes que mirar— me digo

el cuerpo empapado de culpa
el coagulo flotando en el agua.

Cómo volver a la lengua
de la madre tras el destierro
después de revolverse hacia el abajo
después de atravesar las siete

grietas.

Cómo nombrarte ahora
desnuda desde esta arena negra
si lo único que vi de ti
fue una mancha, una

señal.

A veces me entretengo pensando
en tu nombre
me entretengo
diciendo tu nombre no elegido,

exiliado.

Cómo decir que sé que aún
existes dentro de mí
pero no dentro de mi

cuerpo.

8 DE FEBRERO

Esta mañana se han acercado las abejas a libar de los jacintos recién florecidos. Sumergen tanto sus cuerpos en las corolas que únicamente asoman un poco sus alitas transparentes y sus traseros peludos.

Hace unos días recibimos también la visita de varios ejemplares de esfinge colibrí, una polilla de un tamaño considerable (45mm de envergadura). Asustan por su volumen y por el sonido que generan pero son totalmente inofensivas. Lo que más llama la atención es la trompa con la que liban el néctar, que es casi de la misma longitud que su cuerpo y se extiende desenrollándose desde su boca, de forma similar a la de un camaleón.

De pronto la terraza se ha convertido en un jardín amigo para algunos insectos y está lleno de vida.

(...) contempla desde su cueva el paisaje en erupción.
Su cuervo grazna al caos.
Sandman, Neil Gaiman

La eternidad se proyectó hacia el adentro
y la oscuridad temblaba

el útero se retorció para crecer
y se retorció para dejar salir

de la erupción
el corazón se protegió
lejos de otro poema
lejos de otra montaña

graznó al caos y se transformó
se partió en dos

tuvo visiones de pecado
vio a la niña de fuego
escuchando la profecía
en la cueva
esperando un milagro.

Lo que le iba sucediendo o iba sucediendo
ante sus ojos ella lo conservaba
todo en su corazón.
Lc 2:51

(...) arrojado en el retrete,
los pliegues traslúcidos, violetas
de la vida que comienza
Diane di Prima

Huye de mí
no puedo impedirlo.

Almacenaré estas vivencias
en mi útero.

Dejadme envolverme y
volver a relucir,
silenciosa como estrella
vespertina.

Conservaré estas vivencias
en mi corazón.

Se desprende de mí
no puedo impedirlo
y cae con un golpe seco
a la loza blanca del inodoro.

Fuiste una presencia
fluyendo
un blanco fantasma
un fulgor que
no turbó el mundo.

¿sentiste
como yo
tu muerte?

¿podrás sentir
(ahora) (algo)
al otro lado?

No se negó a soltarse
se escurrió de mí
y se deslizó sigiloso
por la grieta ya
abierta en la carne

Ahora hay un alma roja
tiritando en el agua
arrópala y dile adiós

ya no, ya no.

Yo también después quise
mecerme diminuta
sobre el mar
sentir el frío
no sentir el fuego
del útero palpitante.

El reflejo de un fantasma
flota en el agua
sobre la cabeza carga la corona
de una mamba durmiente.

Desde arriba somos una imagen incierta
dios no nos ve
nos alimentamos de sus enigmas
creemos que son sagrarios nuestros
cuerpos mortales.

Entre las manos llevamos coagulada
la culpa de nuestros ancestros.

Desde abajo somos una imagen incierta
no vemos a dios
ni cómo sus sombras destejen
la urdimbre de los cuerpos
en los cuerpos y los dejan atrás
como una forma más de justicia.

Estar herida, tirada, impotente, mientras afuera cae
la lluvia dulce, inesperada
Blanca Varela

Quizá te invocamos demasiado pronto
no quisimos equivocarnos pero
esa noche se dictó una sentencia
y adentro empezó la vibración
el día después esperamos la virga
como un prodigio dulce
con el hedor de la sangre
y los pies fríos en el desierto
esperamos la luz que no emerge
tras el murmullo de las células
nadie vino a salvarnos
herida, tirada, impotente
fuiste entregada a la famélica boa
desde mis entrañas.

es un sueño estás sola
no hay otro
BLANCA VARELA

Es un sueño
la historia inversa
de la matriz.

Estás sola.

Veo a mi no hija despeinada
sobre la danza macabra
del agua.

No hay otro
ya lo entendí mi vientre
fue una casa de muertos.

Después

9 DE FEBRERO

He vuelto al mundo y el mundo solamente me recuerda mi duelo.

UNA TIENE QUE TEMBLAR Y REMOVERSE
una tiene que temblar y romperse
una tiene que temblar y derrumbarse

La ginecóloga señala la pantalla
una línea blanca atraviesa
el fondo negro

—todo está bien— dice.

El endometrio es
esta línea blanca que ves aquí.

—todo está bien—
los ovocitos están en su lugar

otro ciclo comienza.

EL ÚTERO VACÍO RESPIRA
de nuevo
como un mar nocturno
nadie lo ve, pero respira
de nuevo
no hay sedimento ni erosión.

16 DE FEBRERO

Todo se ha vuelto a poner en marcha deprisa pero mi corazón late lento.

Hace ya algunos días que los insectos no visitan los jacintos que, poco a poco, han comenzado a marchitarse. Sus flores y hojas toman tonos cobrizos y su estructura se asemeja cada vez más a la tierra que los sostiene. El polen perdura aferrado a las fibras de la planta como un vestigio de que la vida ha de seguir pero no en este mismo lugar.

¿Cómo hablar de la muerte antes
de la vida?
Yo solo sé decir
que un día tuvimos cuerpos
de serpiente él y yo
y dimos vueltas alrededor de los astros
solo sé decir que no tienes cuna
bajo el ciprés y que tampoco
hubo un nido
¿Ese temblor fue conocernos?
¿El agujero negro girando en el
lugar del vientre?
Viniste a pasar por mi mundo
deprisa y después
te hundiste en un
mar hecho de muchas sangres.

A VECES TENGO QUE CONVENCERME
de que todo fue real:
el viento salvaje soplando desde el agua
la bráctea de la palmera golpeando el suelo
las serpientes retorciéndose silenciosas
una imagen borrosa en la pantalla
el útero negro y el test de embarazo
tan blanco surcado
por dos líneas rosadas
custodiado en el fondo
de la mesita de noche.

Estrella del ocaso
bajo la oscuridad
todo vuelve a su ser

¡Silencio!

Que nada se interponga.

Rosa Mystica,
guarda en tu vientre
los misterios
el dolor y el vacío
más allá de la noche

Lirio blanco,
vuela hasta que llegue
mañana otro final

¡Silencio!

No se habla de la muerte

Silencio.

Lo que trajo el viento es cierto
una criatura intentó crecer
pero no hubo nido a salvo en ninguna roca
no habrá que enseñarle a vivir
ni a brillar
su mundo ahora es claro y silencioso
si acaso allí se escucha el murmullo
de las olas negras
no somos capaces de atrapar otra vez
lo perdido como el ave rapaz
a la que se le escapa un pez de entre las
garras en el último momento y
su imagen se diluye hasta formar parte
del mar transparente
un corazón microscópico que se deja
llevar por el vaivén del agua.

NOMBRAR LA GRIETA NO ES CAER
en esa palabra maldita
que quiere decir abismo
boca de serpiente.

No vengo a buscar
el término exacto que defina
el seísmo
un agujero que se abre.

Nombrar la grieta no es caer

Si nombras dices:
‹Veneno›
‹Mamba›
‹Náusea›

‹Muerte›

Esa palabra maldita
no busco otra.

21 DE FEBRERO

Un fuerte dolor sacude mis ovarios.
El ciclo se activa tras la pérdida.
Este dolor avisa de otro dolor que aún persiste.

23 DE FEBRERO

Otro temblor me hace pensar en el hijo perdido como en un fantasma.

El duelo sigue su curso y por momentos quiero sentirme perdida, echar la vista atrás, porque sé lo que duele transitarlo.

Arde azul la boca
pero no puedo
gritar que ahora rechazo la redondez

No quiero ese dolor
no quiero
la negra pantalla
la mente acelerada los ojos de sal
el vientre ROJO
las serpientes acechando la sangre.

Un cuerpo que nace es un acontecimiento como lo es un cuerpo que muere.

27 DE FEBRERO

La sangre vuelve a manar del cuerpo. La carne no olvida, cada célula atesora cada experiencia y a su vez es capaz de retornar, de sanar, de comenzar, una y otra vez. Vivir renaciendo es uno de mis destinos. Me fascina la vida, me fascinan los ciclos del cuerpo, la sabiduría ilimitada y la libertad que se alberga en un espacio tan reducido.

Soy casa en continua demolición
por terremoto
o tormenta
por arrojo dañada y
reconstruida con sal
siempre dispuesta a volver a caer
de rodillas bajo el torrente.

2 DE MARZO

Abortar es volver a estar sola
ahora la noche de boca
azulada como mamba
como el mar
se traga
mi vientre vacío.

Verás que el cuerpo se retrae, que da marcha atrás,
que deshace su obra.
MAGGIE O'FARRELL

EXISTE UN FENÓMENO EN EL DESIERTO
por el que la lluvia cae
y no llega a tocar la arena
se desvanece
pero sigue siendo lluvia.

Existe un fenómeno en el cuerpo
por el que otro cuerpo cae
y se impulsa hacia afuera
se desvanece
pero sigue siendo cuerpo.

10 DE MARZO

¿qué nos puede enseñar
un hijo que no ha nacido?

Los cinco misterios dolorosos
se rezan en mí.

Vuelvo a instalarme
en la pausa discreta
en el sonido claro del corazón
de una rana que no ha desarrollado
sus patas delanteras

¿Me he salvado de algo o esto es solo otra condena?

Observo la propia mente
asomándose desde su abismo
para hacer transitable la vida.

Es tiempo de reconocer
la sombra como la inevitable
consecuencia de seguir creciendo.

8 DE ABRIL

Trato de nombrar con convicción mis sentimientos.

«Mis pérdidas importan,
mi dolor importa,
mis heridas importan».

Trato de aprender lo que es la vida sin máscaras.

¿Cuántas mujeres seré,
en cuántas voy a convertirme?

Yo (me) creo, yo (me) tejo
Elena García Quevedo

Tejo para olvidar
la lluvia fantasma
el desierto
para olvidar la montaña
para recordar el mar.

Tejo para atravesar
la lluvia fantasma
el desierto
para ascender la montaña
para recordar el mar.

The women of mythology regularly
lose their form in monstrosity.
ANNE CARSON

CAE EL AGUA Y LA SANGRE
ese fue el cuento
que nos contaron
en el desierto.

Al final del invierno
divisaremos la lumbre
desde el fondo de la cueva
donde yaceremos como rojas
criaturas que se agitan
y preguntan

¿plantarás tú todo un bosque?

16 DE ABRIL

Leo en la terraza, el sol acaricia mis pies y me acompaña el canto de las aves que recientemente han llegado a pasar la época más cálida en estas tierras. Lato despacio, temblando imperceptiblemente en un poema de Blanca Varela que dice: ¡Como brillan al sol los niños no nacidos!

18 DE ABRIL

Tras las ventanas el día está radiante y luminoso, se aprecian las siluetas de las montañas en el horizonte. Pienso en mi útero que alberga tanta energía y memorias antiguas. Respiro. Hay un hilo que conecta el cuenco uterino con el corazón.

25 DE ABRIL

Las aves se camuflan entre los edificios. Por la mañana el cielo se refleja en las ventanas como si fuera un sueño, una promesa de otro mundo. Voy siguiendo el camino del sol. Las farolas se apagan a mi paso. Camino hacia el oeste por el filo del alba. Sigue soplando el viento del este. Cuando me acerco, todos los pájaros que están en las aceras alzan el vuelo y se posan en los árboles. Lejanos. No quieren ser parte de mi camino si trato de inmortalizar su presencia. Somos torpes intentando retener lo que no nos pertenece.

En la tierra hay un cuerpo
que fue alguna vez el de
un pájaro.

Deseo yacer junto a él,
despojarme del alma.

Que mis plumas se esparzan
por la tierra y alguien
venga y me bese
el pico azul.

Que me agarre entre
sus manos y me esconda en
su vientre.

Necesito una jaula,
un nido, que complazca a este
otro cuerpo.

Quiero ver cómo se convierte
en río y se desborda.

Escribirlo. Vibrar.

Que su pulso me revele otra pregunta.

Lo correcto
¿es irse o quedarse?

¿Es volver,
revolver, moverse,
mudar, mudarse,
echar de menos lo que fue
o abrazar lo que vendrá?

Recuerdo mi cuerpo
bajo el dolor
bajo la cama
bajo el frío

tan blanco.

Quiero volver atrás
volver a introducir
a mi no embrión
en mi no bolsa amniótica.

19 DE ABRIL

Mi cuerpo dice: Tienes que hablar sobre tus silencios.

18 DE MAYO

Planté otros siete bulbos y la tierra parece yerma. Los gorriones gorjean sobre las tejas de las casas de enfrente totalmente ajenos a los que acontece en otros lugares de creación. En una de las macetas ha brotado una única, frágil planta, de tallo tan fino que continuamente se comba con el viento, en una especie de reverencia ante la tierra que la sostiene.

De esta casa echaré de menos los pájaros atravesando el cielo como saetas, el olor de la madera, el toldo naranja de flores y palmeras que nos ha cobijado del sol convirtiendo la casa en una especie de país tropical.

29 DE MAYO

Mientras grabo unas flores que se mecen con la brisa, aparece de forma repentina una mariposa saltacercas y se posa un segundo en una de ellas, un segundo de milagro alado ofreciéndome su belleza efímera, diciendo, «mírame, ya me voy».

2 DE JUNIO

La nueva casa es silenciosa y una luz blanca baña cada rincón.

Arrojé nuevos conjuros a
la hoguera en la simiente
escribo los deseos y los escondo
bajo mi cuerpo
desde la tierra distingo
los pájaros y los insectos
allí entierro mi ombligo
y tras la tormenta
en la hora roja
del crepúsculo
vierto el agua del odre
para formar pequeños
ríos sobre mi carne
después la saraca florecerá
cuando la roce mi pie
humedecido.

20 DE JULIO

Un duelo es asistir a nuestra propia muerte,
a nuestro propio nacimiento, posibilitar la resurrección.
FRANCIS WELLER

¿En qué habré de transformarme?
NARES MONTERO

RENACER

Tener un aborto es asistir a una muerte
ajena en el propio cuerpo.
Tener un aborto es renacer.
Existir en un enjambre
en un tiempo sin tiempo.

Tener un aborto es deshacerse
de la memoria uterina
para poder seguir viviendo.

Renacer cuando una parte de ti queda atrás.
Renacer como no madre.
Renacer como mujer que estuvo embarazada.

Brotaron doce estrellas
de la cabeza de aquella mujer y
siete puñales de su vientre
mientras dos océanos se besaban.

Fue el día fuera del tiempo
el cielo era una boca azulada
los árboles en la colina
se volvieron negros.

Flotábamos sobre las aguas
en el fondo yacía un pájaro
y en la orilla esperaba una serpiente

A los pies de la mujer
la serpiente enroscó su cuerpo
elevó la cabeza y abrió las fauces.

Soñé que estabas dentro de mi vientre
y que los pájaros cantaban en el patio.

Soñé que pisabas un charco
con las botas de papá
y las gotas de lluvia
anidaban en tus pestañas

Soñé que llevabas
la falda de cuadros
y desde la iglesia
se escuchaban los rezos de
aquella mujer

Soñé que en esa calle había
un silencio
una alimaña enmarañada
una canasta de plata con un corazón ardiendo

Soñé que huíamos de las horas
que abrazábamos la conjunción de los vacíos
la revolución solar dentro de las venas
el cuerpo intentando reflejar la luz

Soñé que estabas dentro de mi vientre
y que los pájaros cantaban en el patio.

2 DE SEPTIEMBRE

Hoy salía de cuentas. Ayer acabé de organizar y sacar de nuevo las labores de punto, no había vuelto a tejer desde el aborto.

Hace días que el cuerpo me habla, la carne recuerda, sabe de aquel dolor en las entrañas, del olor a metal y los huesos y músculos truncados, de la contracción y del golpe, sabe de las lágrimas sobre la sangre, sobre el agua. Sabe que no bebimos el veneno, no, no bebimos el veneno. ¿Entonces, por qué la muerte? ¿Por qué perdemos todo aquello que amamos? ¿Por qué eso es vivir y eso es morir? No beber el veneno y aún así morir, beber el veneno y aún así, vivir.

1 DE OCTUBRE

Arreglo las plantas al sol. Hay mariquitas muertas en la tierra en la que están volviendo a florecer las rosas. El caparazón ya no es rojo, se ha vuelto amarillento y no tiene brillo. La muerte de día no tiene luz.

Después de un gran dolor la sensación de orden
Emily Dickinson

Dije que algún día hablaría de mis silencios
y hablé por fin de la hora oscura del alba.

Descubrí que en el desierto existe
una lluvia fantasma llamada virga.

Vi de cerca la boca azulada y letal de la serpiente,
su cuerpo, endometrio, una línea blanca
atravesando la arena negra.

Aprendí que en inglés
'aborto espontáneo' se dice *miscarriage*
que suena como dejar de ser
el carruaje que transporta a alguien.

Pensé que un hijo es una roca
roja entrando en un vientre
y que hace unos meses di a luz
un coágulo, un hijo de dieciséis milímetros,
un conjunto de células abrazadas por la sangre.

Volví a traer a mi mente
aquel verano en el que la bráctea
de la palmera impactó contra el suelo,
arrancada por el viento del este.

Recordé caminar una playa inmensa,
la ternura del calor,
el humo de otros nombres
escritos en un papel que se quema,
una casa que ya no la derriba cualquier temblor,
la luna bajo los pies de una mujer luminosa,
coronada de estrellas.

Índice

Este libro se terminó de imprimir
en mayo de 2024

RIL® editores • España

europa@rileditores.com

Se utilizó tecnología de última generación que reduce el impacto medioambiental, pues ocupa estrictamente el papel necesario para su producción, y se aplicaron altos estándares para la gestión y reciclaje de desechos en toda la cadena de producción.